DINOSAURIOS ACORAZADOS

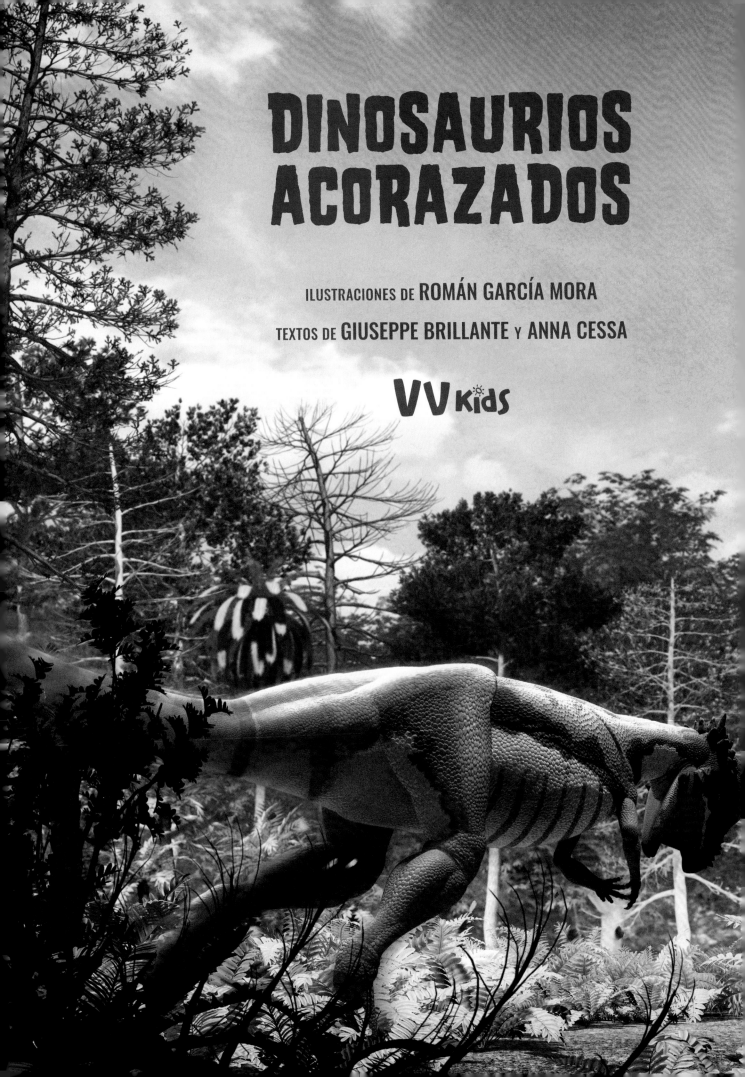

DINOSAURIOS ACORAZADOS

ILUSTRACIONES DE ROMÁN GARCÍA MORA

TEXTOS DE GIUSEPPE BRILLANTE Y ANNA CESSA

VV kids

ÍNDICE

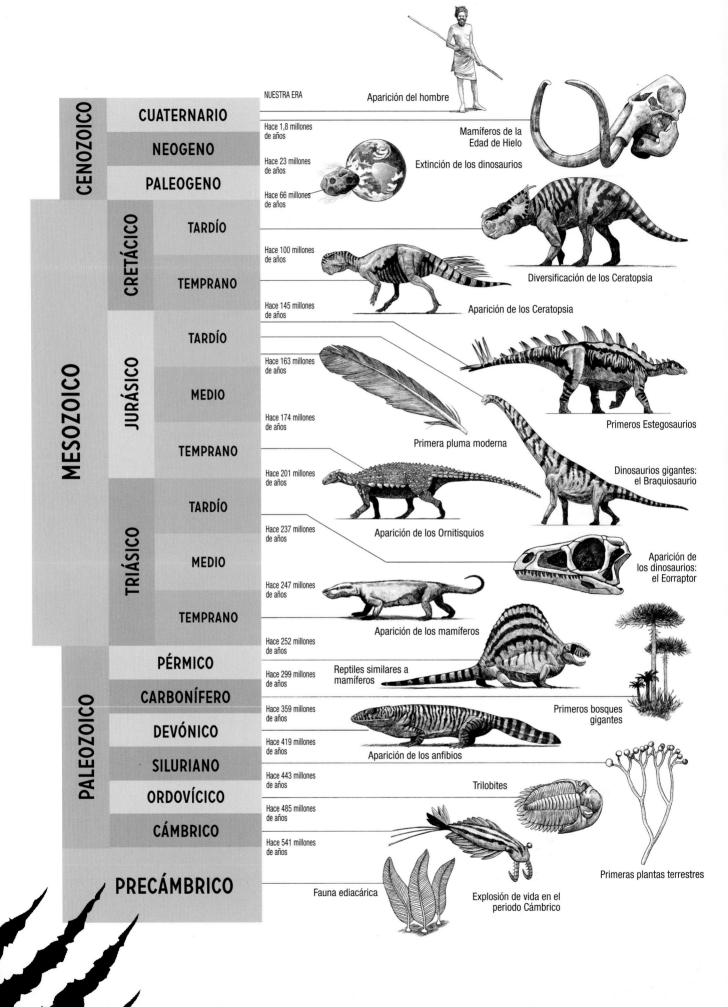

CENOZOICO

CUATERNARIO

NEOGENO

PALEOGENO

MESOZOICO

CRETÁCICO

TARDÍO

TEMPRANO

JURÁSICO

TARDÍO

MEDIO

TEMPRANO

TRIÁSICO

TARDÍO

MEDIO

TEMPRANO

PALEOZOICO

PÉRMICO

CARBONÍFERO

DEVÓNICO

SILURIANO

ORDOVÍCICO

CÁMBRICO

PRECÁMBRICO

NUESTRA ERA

Hace 1,8 millones de años

Hace 23 millones de años

Hace 66 millones de años

Hace 100 millones de años

Hace 145 millones de años

Hace 163 millones de años

Hace 174 millones de años

Hace 201 millones de años

Hace 237 millones de años

Hace 247 millones de años

Hace 252 millones de años

Hace 299 millones de años

Hace 359 millones de años

Hace 419 millones de años

Hace 443 millones de años

Hace 485 millones de años

Hace 541 millones de años

Aparición del hombre

Mamíferos de la Edad de Hielo

Extinción de los dinosaurios

Diversificación de los Ceratopsia

Aparición de los Ceratopsia

Primeros Estegosaurios

Primera pluma moderna

Dinosaurios gigantes: el Braquiosaurio

Aparición de los Ornitisquios

Aparición de los dinosaurios: el Eorraptor

Aparición de los mamíferos

Reptiles similares a mamíferos

Primeros bosques gigantes

Aparición de los anfibios

Trilobites

Primeras plantas terrestres

Fauna ediacárica

Explosión de vida en el periodo Cámbrico

TANQUES DE CUATRO PATAS

IMAGÍNATE LA ESCENA: UNA MANADA DE TRICERATOPS AVANZA POR LA LLANURA CUANDO DE REPENTE SE DESENCADENA EL PÁNICO. UN GRAN TIRANOSAURIO REX SE APROXIMA A LOS TRICERATOPS CON LA INTENCIÓN DE MATARLOS Y DEVORARLOS. LOS TRICERATOPS MÁS VIEJOS Y SABIOS DE LA MANADA FORMAN RÁPIDAMENTE UN GRAN CÍRCULO ALREDEDOR DE LOS DINOSAURIOS MÁS JÓVENES PARA PROTEGERLOS. EN POCOS SEGUNDOS, LA PARTE EXTERIOR DEL CÍRCULO ES UN MURO INFRANQUEABLE DE CUERNOS PUNTIAGUDOS.

ES DIFÍCIL SABER CÓMO ACABARÁ EL ENCUENTRO. PUEDE QUE EL TIRANOSAURIO REX SE IMPONGA CON SUS FEROCES DENTELLADAS. O PUEDE QUE LA FUERZA DE LA UNIÓN PREVALEZCA Y LOS TRICERATOPS LOGREN SOBREVIVIR. EL PROBLEMA ES QUE, A DIFERENCIA DE LO QUE OCURRE CON LOS ANIMALES QUE HOY PUEBLAN EL PLANETA, **NO PODEMOS VER A LOS DINOSAURIOS EN ACCIÓN**. SOLO PODEMOS IMAGINAR CÓMO VIVÍAN Y SE ALIMENTABAN, CÓMO SE MOVÍAN Y ESCAPABAN DE SUS ENEMIGOS. Y ESTO NO SIEMPRE ES TAREA FÁCIL.

EL TRABAJO DE **LOS PALEONTÓLOGOS** ES PARECIDO AL DE UN DETECTIVE EN LA ESCENA DEL CRIMEN: **EXAMINAN CADA HUESO**, CADA HUELLA E INCLUSO LAS HECES FOSILIZADAS (O COPROLITOS) DE LOS DINOSAURIOS. ASÍ, A PARTIR DE UNAS POCAS PISTAS, ESTOS CIENTÍFICOS TRATAN DE CONFECCIONAR EL RETRATO ROBOT DE LOS DINOSAURIOS E **INTENTAN DESCRIFRAR LOS NUMEROSOS ENIGMAS** QUE RODEAN ESTOS ANIMALES GIGANTESCOS.

SIN EMBARGO, LA REALIDAD SUPERA SIEMPRE A LA FICCIÓN Y **CADA AÑO APARECEN NUEVAS ESPECIES DE DINOSAURIOS**. LA GALERÍA DE EXTRAÑAS CRIATURAS POR CATALOGAR PARECE NO TENER FIN, PERO, SI TUVIÉRAMOS QUE DECIDIR CUÁLES SON LAS ESPECIES MÁS SORPRENDENTES, LA PALMA SE LA LLEVARÍAN LOS **DINOSAURIOS ACORAZADOS** CON SUS **ARMADURAS, CUERNOS, PINCHOS, PROTUBERANCIAS** Y **ENORMES CRESTAS ÓSEAS**. ADEMÁS, NO RESULTA NADA FÁCIL AVERIGUAR QUÉ USO HACÍAN LOS DINOSAURIOS DE ESTOS ATRIBUTOS.

SÍ SABEMOS QUE TODOS ELLOS FUERON EL RESULTADO DE UNA INCESANTE **LUCHA POR LA SUPERVIVENCIA** CONTRA LOS DEPREDADORES. CUANTO MÁS GRANDES, RÁPIDOS Y AGRESIVOS ERAN LOS ENEMIGOS, TANTO MÁS NECESARIO RESULTABA ENCONTRAR NUEVAS ESTRATEGIAS PARA DEFENDERSE DE ELLOS.

ASÍ, CON EL PASO DEL TIEMPO FUERON APARECIENDO EN NUESTRO PLANETA ANIMALES QUE HOY SE NOS ANTOJAN SURGIDOS DE LA IMAGINACIÓN FEBRIL DE UN ESCRITOR. POR EJEMPLO, ALGUNOS DINOSAURIOS DESARROLLARON **COLAS MUY EXTRAÑAS**: LA DEL ANQUILOSAURIO TERMINABA EN UNA GRAN PROTUBERANCIA QUE EL ANIMAL PROBABLEMENTE UTILIZABA COMO UNA **GIGANTESCA PORRA**. LA DEL ESTEGOSAURIO, EN CAMBIO, TENÍA UNAS LARGAS **PÚAS** CON LAS QUE PODÍA HERIR DE MUERTE A SUS ENEMIGOS.

OTROS DINOSAURIOS ARREMETÍAN CONTRA CUALQUIER AMENAZA CON SU **ENORME CUERNO**, COMO LOS RINOCERONTES DE NUESTROS DÍAS. UNA DE LAS CRIATURAS MÁS SORPRENDENTES ES EL ESTIRACOSAURIO, QUE TENÍA UN GRAN CUERNO DE HASTA UN METRO DE LARGO Y UNA **CRESTA GIGANTE** CON AL MENOS SEIS PROTUBERANCIAS ENORMES Y PUNTIAGUDAS. Y NO HAY QUE OLVIDAR A DINOSAURIOS COMO EL TARCHIA, CON SU CORAZA AL ESTILO DE LOS SOLDADOS MEDIEVALES. ¡LOS ACORAZADOS ERAN AUTÉNTICOS TANQUES DE CUATRO PATAS!

PERO ¿DE QUÉ SE ALIMENTABAN ESTOS GIGANTES? ¿DÓNDE APARECIERON SUS FÓSILES? ¿CÓMO ERA SU DÍA A DÍA? EN LAS PÁGINAS DE ESTE LIBRO ENCONTRARÁS LAS RESPUESTAS A ESTAS PREGUNTAS Y COMPRENDERÁS POR QUÉ LOS **"LAGARTOS TERRIBLES"**, COMO LOS LLAMÓ EN EL SIGLO XIX EL PALEONTÓLOGO BRITÁNICO **RICHARD OWEN,** FUERON LOS DUEÑOS INDISCUTIBLES DEL PLANETA DURANTE MUCHO TIEMPO.

Y, SIN EMBARGO, ESTOS LAGARTOS TERRIBLES DESAPARECIERON UN DÍA SIN DEJAR RASTRO. TODAVÍA HOY SE DESCONOCE QUÉ LES OCURRIÓ EXACTAMENTE. **ES PROBABLE** QUE LOS ÚLTIMOS DINOSAURIOS, CUYO REINADO DE ESPLENDOR TOCABA YA A SU FIN, **PERECIERAN EN UN CATACLISMO**: HACE UNOS 65 MILLONES DE AÑOS UN ENORME METEORITO CHOCÓ CONTRA LA TIERRA Y PROVOCÓ UNA EXPLOSIÓN EQUIVALENTE A LA DE CIEN MILLONES DE BOMBAS NUCLEARES. CAUSÓ TSUNAMIS, INCENDIOS Y **UNA SERIE DE CAMBIOS MEDIOAMBIENTALES A LOS QUE LOS DINOSAURIOS NO PUDIERON ADAPTARSE**. SEGURAMENTE PRIMERO MURIERON LOS GRANDES DINOSAURIOS HERBÍVOROS. DESPUÉS SE EXTINGUIERON LOS CARNÍVOROS, QUE SE ALIMENTABAN DE ELLOS, Y, AL FINAL, NO QUEDÓ NI UN SOLO DINOSAURIO VIVO.

GRACIAS A LOS FÓSILES, HOY PODEMOS HACER UN EXTRAORDINARIO VIAJE EN EL TIEMPO PARA CONOCER A ESTAS CRIATURAS. EN CIERTO MODO, ES COMO SI ESTOS RESTOS FASCINANTES NOS PERMITIERAN DEVOLVERLAS A LA VIDA.

TRICERATOPS

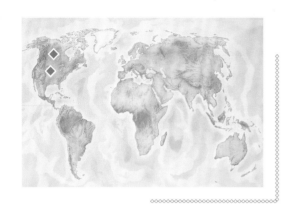

DÓNDE VIVIÓ:
América del Norte

DÓNDE SE HAN ENCONTRADO SUS PRINCIPALES FÓSILES:
Estados Unidos, Canadá

CUÁNDO VIVIÓ:
Hace entre 67 y 65 millones de años

TAMAÑO:
Entre 7 y 9 metros de largo
y 3 metros de alto

PESO:
De 6 a 9 toneladas

Cuando los paleontólogos descubrieron los **FÓSILES DE DOS GRANDES CUERNOS** en Denver (Colorado), pensaron que pertenecían a un **bisonte gigante ya extinguido.** Corría el año 1887, y no se imaginaban que poco después encontrarían, uno tras otro, todos los huesos de un animal desconocido. En realidad, se trataba de un **gran dinosaurio.** Desde entonces, han aparecido cientos de fósiles de Triceratops, todos pertenecientes, según los expertos, a dos especies principales: el **TRICERATOPS HORRIDUS** y el **TRICERATOPS PRORSUS**.

os **TRICERATOPS** poblaron nuestro planeta hacia el final del **Cretácico** en la actual América del Norte. Eran **bastante lentos**: tan solo alcanzaban una velocidad máxima de **8 km/h** (el temible Velocirraptor podía alcanzar ¡los 60 km/h!). Los Triceratops eran **herbívoros** y pasaban la mayor parte del día **alimentándose de plantas**. Su boca tenía una **FORMA DE PICO** similar a la del loro, aunque mucho más grande, y contaba con **cientos de dientes estrechos y afilados**, capaces de triturar hasta las plantas más correosas. La dentadura estaba dispuesta en varias columnas, formada cada una de ellas por **entre 3 y 5 dientes colocados unos sobre otros**: cuando un diente se desgastaba, debajo ya había otro listo para reemplazarlo.

os Triceratops **se desplazaban en grandes manadas**, pero también se agrupaban en **PEQUEÑAS UNIDADES FAMILIARES**. En 2012 el paleontólogo Peter Larson descubrió a una de estas familias en Wyoming (Estados Unidos). Estaba formada por **tres Triceratops de distintos tamaños**, en concreto por **DOS ADULTOS Y UNA CRÍA** que se vieron sorprendidos por un Tiranosaurio Rex. De hecho, los huesos del Triceratops más grande presentaban marcas de mordiscos.

TRICERATOPS

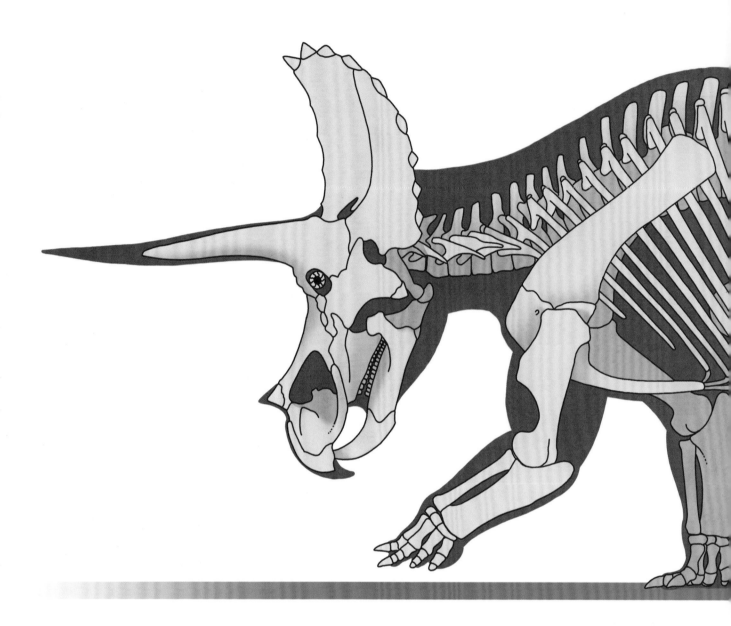

Lo más asombroso de estos dinosaurios era sin duda **SU CABEZA**: el cráneo del Triceratops podía llegar a medir **DOS METROS**, y contaba con un **gran collar óseo y tres cuernos** a los que esta criatura debe su nombre (**TRICERATOPS** significa **«CARA DE TRES CUERNOS»** en griego clásico). Los machos los utilizaban para defenderse de los depredadores y proteger a sus crías. Cuando surgía alguna **amenaza**, los adultos **rodeaban a los más pequeños de la manada** formando un muro impenetrable, igual que hacen los bisontes y los bueyes almizcleros actuales. Los machos también usaban los **cuernos** para conquistar a las hembras: les eran de gran utilidad a la hora de **batirse en duelo con sus rivales**. Estas luchas resultaban muy violentas, como demuestran las huellas de heridas de algunos fósiles.

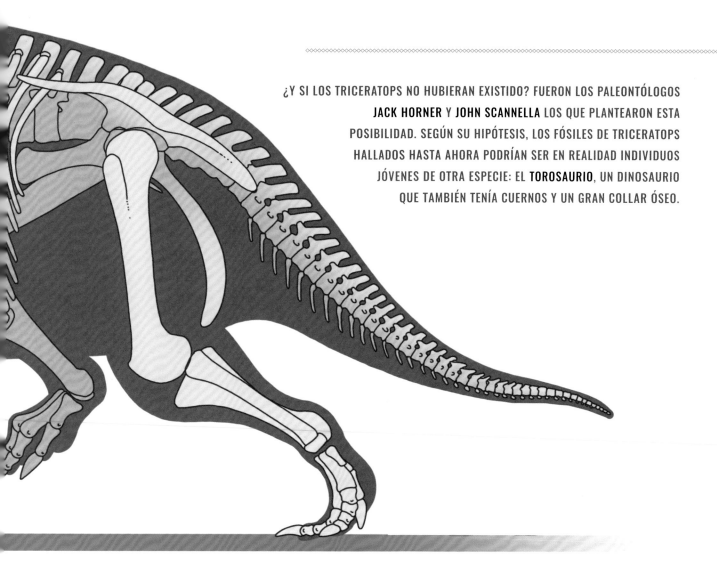

¿Y SI LOS TRICERATOPS NO HUBIERAN EXISTIDO? FUERON LOS PALEONTÓLOGOS **JACK HORNER** Y **JOHN SCANNELLA** LOS QUE PLANTEARON ESTA POSIBILIDAD. SEGÚN SU HIPÓTESIS, LOS FÓSILES DE TRICERATOPS HALLADOS HASTA AHORA PODRÍAN SER EN REALIDAD INDIVIDUOS JÓVENES DE OTRA ESPECIE: EL **TOROSAURIO**, UN DINOSAURIO QUE TAMBIÉN TENÍA CUERNOS Y UN GRAN COLLAR ÓSEO.

PERO SI EL TOROSAURIO ERA EN REALIDAD UN TRICERATOPS ADULTO, ¿POR QUÉ LOS FÓSILES DEL PRIMERO SON MENOS FRECUENTES QUE LOS DEL SEGUNDO? QUIZÁ HABÍA MÁS DINOSAURIOS JÓVENES QUE ADULTOS PORQUE EL ÍNDICE DE MORTALIDAD ERA ALTO Y MUCHOS INDIVIDUOS NO ALCANZABAN LA MADUREZ. SIN EMBARGO, ALGUNOS PALEONTÓLOGOS HAN FORMULADO OTRA POSIBILIDAD: ¿Y SI SIMPLEMENTE EL TOROSAURIO ERA LA VERSIÓN MASCULINA O FEMENINA DEL TRICERATOPS?

ESTIRACOSAURIO

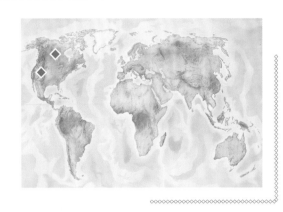

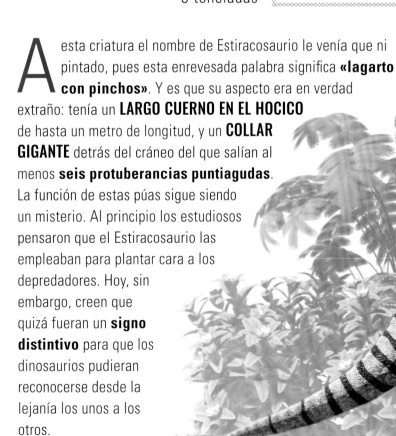

DÓNDE VIVIÓ:
América del Norte

DÓNDE SE HAN ENCONTRADO SUS PRINCIPALES FÓSILES:
Arizona (EE UU), Alberta (Canadá)

CUÁNDO VIVIÓ:
Hace entre 80 y 75 millones de años

TAMAÑO:
Hasta 5,5 metros de largo
y 2,5 metros de alto

PESO:
3 toneladas

A esta criatura el nombre de Estiracosaurio le venía que ni pintado, pues esta enrevesada palabra significa **«lagarto con pinchos»**. Y es que su aspecto era en verdad extraño: tenía un **LARGO CUERNO EN EL HOCICO** de hasta un metro de longitud, y un **COLLAR GIGANTE** detrás del cráneo del que salían al menos **seis protuberancias puntiagudas**. La función de estas púas sigue siendo un misterio. Al principio los estudiosos pensaron que el Estiracosaurio las empleaban para plantar cara a los depredadores. Hoy, sin embargo, creen que quizá fueran un **signo distintivo** para que los dinosaurios pudieran reconocerse desde la lejanía los unos a los otros.

No cabe duda de que el **gran collar óseo** tenía también una función importante. En primer lugar, era un **elemento de defensa** contra los depredadores. Además, quizá los machos sabían regular el flujo de sangre en esta zona del cuerpo; así, **cambiaban el color de la piel que la recubría** para atraer a las hembras y alejar a sus rivales. El estudio de los fósiles demuestra que estos **ENORMES DINOSAURIOS HERBÍVOROS** se agrupaban en manadas compuestas por muchos individuos. Y como la unión hace la fuerza, el rebaño constituía, asimismo, una **estrategia de defensa** contra los depredadores más voraces. Entre ellos, destaca el Daspletosaurio, un gigantesco dinosaurio de hasta nueve metros de altura que también vivía en América del Norte.

EN ALBERTA (CANADÁ), LOS PALEONTÓLOGOS DIERON CON UNOS DEPÓSITOS DE FÓSILES DE ESTIRACOSAURIO CONSIDERADOS VERDADEROS «LECHOS DE HUESOS». ESTE GRUPO DE DINOSAURIOS QUIZÁ ESTABA CRUZANDO UN GRAN RÍO CUANDO SE VIO SORPRENDIDO POR LA CRECIDA DE LAS AGUAS. LOS ESTIRACOSAURIOS SE AHOGARON Y SUS CUERPOS FUERON A PARAR A AQUEL LECHO, ARRASTRADOS POR LA CORRIENTE. A RAÍZ DE ESTE DESCUBRIMIENTO, LOS INVESTIGADORES FORMULARON LA HIPÓTESIS DE QUE EL ESTIRACOSAURIO SE DESPLAZABA EN MANADAS.

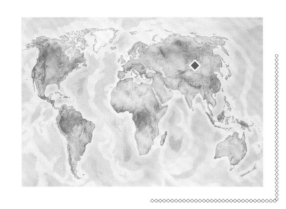

PROTOCERATOPS

DÓNDE VIVIÓ:
Mongolia

DÓNDE SE HAN ENCONTRADO SUS PRINCIPALES FÓSILES:
Desierto de Gobi (Mongolia)

CUÁNDO VIVIÓ:
Hace entre 110 y 70 millones de años

TAMAÑO:
Casi 2 metros de largo
y 1 metro de alto

PESO:
180 kilos

El hallazgo de **quince crías de Protoceratops** en el desierto de Gobi dejó a los científicos estupefactos. Para ellos, la imagen era **una suerte de fotografía** que retrataba una escena procedente de una era lejana. Es probable que los pequeños Protoceratops murieran a causa de una **FUERTE TORMENTA DE ARENA** que se habría desencadenado entre las dunas del desierto hace 75 millones de años. Los dinosaurios tenían menos de un año de edad y **no habían abandonado el nido**. A partir de estos datos, los paleontólogos concluyeron que **los adultos de esta especie se ocupaban de los individuos jóvenes** y los alimentaban y protegían de los depredadores incluso **BASTANTE TIEMPO DESPUÉS DE QUE NACIERAN**. Tales hallazgos demuestran que los dinosaurios tenían **comportamientos sociales**.

Los Protoceratops no eran muy grandes: tenían el **tamaño de un ternero**. Eran herbívoros y **SE ALIMENTABAN DE PLANTAS CORREOSAS** que arrancaban con el pico. Es probable que vivieran en manadas. Tenían además un **gran collar en la base de la cabeza** que seguramente adquiría **colores llamativos**. El collar les servía tanto para atraer la atención de las hembras durante la época del apareamiento como para protegerse de los depredadores. Y es que estos dinosaurios eran una **presa muy codiciada** por los carnívoros, aunque era difícil vencerlos porque sabían defenderse con uñas y dientes. Así lo demuestran las marcas de algunos de los fósiles de Protoceratops que se han descubierto.

UNO DE LOS FÓSILES DE DINOSAURIO MÁS POPULARES QUE EXISTEN MUESTRA A UN VELOCIRRAPTOR Y UN PROTOCERATOPS UNIDOS EN UN ABRAZO MORTAL. EL FÓSIL INMORTALIZA UNA LUCHA ENCARNIZADA: EL VELOCIRRAPTOR AGARRA LA CABEZA DE SU ADVERSARIO Y LE HUNDE LA GARRA EN EL CUELLO, MIENTRAS EL PROTOCERATOPS LE MUERDE LA PATA DERECHA CON SU PODEROSO PICO. AMBOS MURIERON EN EL FRAGOR DE LA LUCHA Y PERMANECIERON ASÍ DURANTE MILLONES DE AÑOS, ENTERRADOS EN LAS ARENAS DEL DESIERTO DE GOBI.

TARCHIA

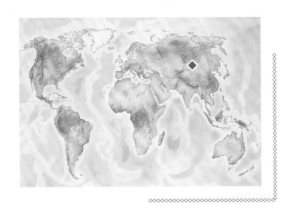

DÓNDE VIVIÓ:
Mongolia

DÓNDE SE HAN ENCONTRADO SUS PRINCIPALES FÓSILES:
Desierto de Gobi (Mongolia)

CUÁNDO VIVIÓ:
Hace 72 millones de años

TAMAÑO:
Hasta 8,5 metros de largo
y 2 metros de alto

PESO:
Casi 4 toneladas

Ver acercarse al Tarchia debía de resultar sobrecogedor incluso para las criaturas más poderosas del Cretácico. Y es que el Tarchia era una **bestia gigantesca de más de 8 metros de longitud** que hacía temblar el suelo con cada paso que daba. La **CORAZA DE AFILADAS PÚAS** que le cubría el cuerpo la convertía en una criatura más amenazadora aún.

Este dinosaurio, similar a una **MÁQUINA DE GUERRA EN MOVIMIENTO**, atemorizaba incluso a los grandes carnívoros como el **Tarbosaurio**, que por aquel entonces recorría el **desierto de Gobi** en busca de presas. El nombre de Tarchia, que en mongol significa **«CON CEREBRO»**, obedece a otra de las peculiaridades de este dinosaurio: su **cráneo** medía unos 40 cm de largo y casi lo mismo de ancho; era, por tanto, **mayor que el del resto de Anquilosáuridos** (la familia a la que pertenece el Tarchia). Asimismo, a los paleontólogos que lo bautizaron les sorprendió que su cráneo fuera también **mucho más grande que el del Saichania**, un dinosaurio muy parecido al Tachia pero de mayores dimensiones, cuyos restos fósiles se hallaron en el mismo lugar.

LAS VÉRTEBRAS DE LA COLA DEL TARCHIA ESTABAN ESTRECHAMENTE UNIDAS, LO QUE LE PROPORCIONABA UNA GRAN DUREZA A ESTE APÉNDICE. ADEMÁS, TERMINABA EN UNA ESPECIE DE PORRA CON LA QUE EL TARCHIA CAUSABA HERIDAS PROFUNDAS E INCLUSO MORTÍFERAS A LOS DEPREDADORES MÁS PELIGROSOS.

ANQUILOSAURIO

DÓNDE VIVIÓ:
América del Norte

DÓNDE SE HAN ENCONTRADO SUS PRINCIPALES FÓSILES:
Wyoming y Montana (EE UU), Alberta (Canadá)

CUÁNDO VIVIÓ:
Hace entre 70 y 66 millones de años

TAMAÑO:
Más de 6 metros de largo
y casi 2 metros de alto

PESO:
Hasta 6 toneladas

Gracias a su **ARMADURA**, compuesta por un sinfín de **placas óseas pegadas unas a otras**, el Anquilosaurio parecía una auténtica **fortaleza móvil**.

Además, contaba con un arma
muy dañina: su **COLA**, robusta y musculosa, tenía una
protuberancia en el extremo que hacía las veces de **PORRA**.
El Anquilosaurio asestaba golpes mortales a sus enemigos con
ella, tal y como demuestran los **traumatismos** que han detectado
los paleontólogos en algunos de sus huesos.

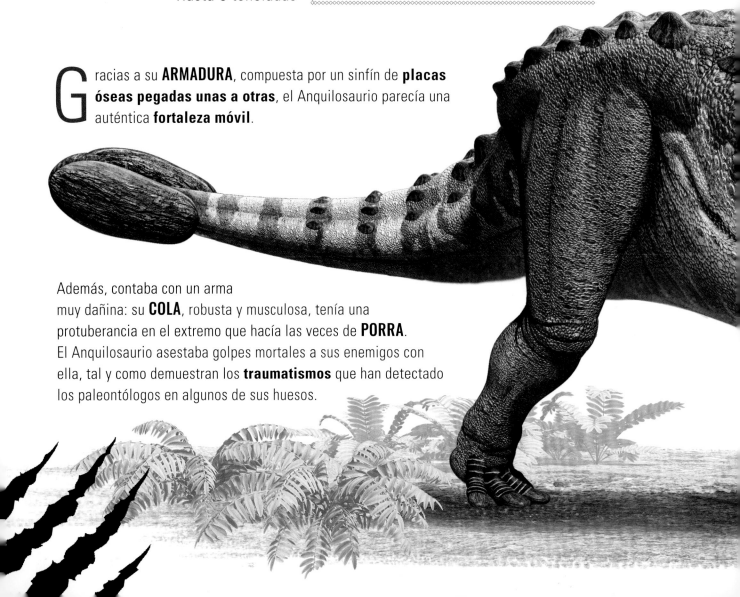

A menudo, el Anquilosaurio moría por culpa de los ataques del **TIRANOSAURIO REX**, cuyas dentelladas incluso llegaban a **perforarle la coraza**. Con todo, cuando no lo amenazaban los depredadores, la vida de este dinosaurio transcurría de manera tranquila.

Llevaba **UNA VIDA SOLITARIA** en el territorio de la actual América del Norte y se **movía con lentitud** en busca de alimento. La dieta de estos animales se componía de **plantas** que arrancaban y comían con su boca en forma de pico.

OTRA ESTRATEGIA QUE PROBABLEMENTE ADOPTABA EL ANQUILOSAURIO PARA DEFENDERSE DE SUS ENEMIGOS ERA AGAZAPARSE: PEGABA EL VIENTRE CONTRA EL SUELO Y SE CUBRÍA CON LA ARMADURA. ASÍ SE PROTEGÍA LA PARTE BAJA DEL ABDOMEN, QUE ERA EL PUNTO MÁS VULNERABLE DE SU CUERPO.

PAQUICEFALOSAURIO

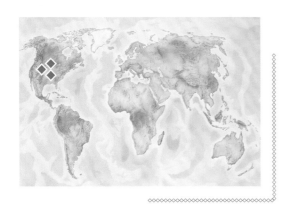

DÓNDE VIVIÓ:
América del Norte

DÓNDE SE HAN ENCONTRADO SUS PRINCIPALES FÓSILES:
Wyoming, Montana, Dakota del Sur (EE UU)

CUÁNDO VIVIÓ:
Hace entre 76 y 65 millones de años

TAMAÑO:
Más de 4 metros de largo
y hasta 2 metros de alto

PESO:
Hasta 450 kilos

El Paquicefalosaurio **EMBESTÍA** literalmente a sus rivales, o al menos eso opinan muchos paleontólogos. Se cree que estos animales **luchaban con otros miembros de su especie** como lo hacen los carneros, sobre todo cuando se disputaban el favor de las hembras. El cráneo del Paquicefalosaurio estaba lleno de protuberancias y recubierto por un **grueso domo** (un abultamiento en forma de cúpula) que podía superar los 20 centímetros. Los expertos le pusieron a esta criatura el nombre de Paquicefalosaurio, cuyo significado no es otro que **«DINOSAURIO DE CABEZA GRUESA»**, a causa de esta especie de casco protector. Con todo, algunos paleontólogos opinan que este cráneo en apariencia sólido era muy poroso, y por tanto no tenía la resistencia suficiente para soportar las tremendas embestidas del Paquicefalosaurio.

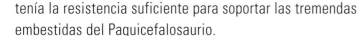

Aunque **no abundan los fósiles** de este dinosaurio, sabemos que el Paquicefalosaurio se desplazaba sobre sus dos patas traseras **con lentitud.** Tenía unos **DIENTES PEQUEÑOS Y AFILADOS**, y se alimentaba de **plantas, semillas, frutas e insectos**.

EN EL AÑO 2012, EL PALEONTÓLOGO ESTADOUNIDENSE **JOSEPH PETERSON** ESCANEÓ EL CRÁNEO DE UN PAQUICEFALOSAURIO Y HALLÓ ALGUNOS GOLPES EN LA PARTE MÁS GRUESA DEL HUESO. PETERSON PENSÓ QUE ESTOS GOLPES PODÍAN SER FRUTO DEL CHOQUE ENTRE LAS CABEZAS DE DOS EJEMPLARES DE PAQUICEFALOSAURIO DURANTE UN COMBATE. EL PALEONTÓLOGO BUSCÓ SEÑALES SIMILARES EN LOS CRÁNEOS DE ALGUNAS HEMBRAS Y CRÍAS DE ESTA ESPECIE, PERO NO LAS ENCONTRÓ. ¿QUÉ CONCLUSIÓN SACÓ PETERSON DE ESTOS DATOS? QUE SOLO LOS MACHOS LUCHABAN ENTRE ELLOS.

STYGIMOLOCH

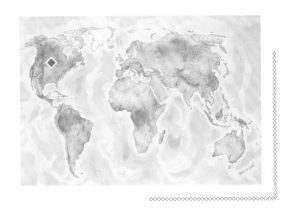

DÓNDE VIVIÓ:
América del Norte

DÓNDE SE HAN ENCONTRADO SUS PRINCIPALES FÓSILES:
Wyoming, Montana (EE UU)

CUÁNDO VIVIÓ:
Hace entre 70 y 76 millones de años

TAMAÑO:
Hasta 3 metros de largo
y 1,5 metros de alto

PESO:
Hasta 90 kilos

Cuando encuentran los restos de un dinosaurio, los paleontólogos se esfuerzan en averiguar **qué aspecto tenía el animal** en vida. Para ello reconstruyen su esqueleto y comprueban si pertenece a una especie ya conocida o se trata de una nueva. Si es una nueva especie, le ponen nombre. No obstante, los especialistas a veces cometen errores, como ocurrió con el Stygimoloch. Aunque los primeros fósiles de este dinosaurio se descubrieron a finales del siglo XIX, los especialistas no fueron capaces de completar su descripción hasta 1982. En un primer momento pensaron que era una **NUEVA ESPECIE DE DINOSAURIO HERBÍVORO** de la familia de los Paquicefalosaurios porque, como estos, presentaba unas **protuberancias de la cabeza**. Con todo, el Stygimoloch tenía el cuerpo más pequeño y el cráneo menos grueso.

A causa de su apariencia, este dinosaurio fue bautizado como **«DEMONIO DEL RÍO ESTIGIA»** (Stygimoloch). En los últimos años, sin embargo, algunos paleontólogos han aventurado la posibilidad de que el Stygimoloch no sea una nueva especie, sino la **versión juvenil** del Paquicefalosaurio. Si es así, ¿cómo pudieron equivocarse los especialistas? En general, la fisonomía de los animales cambia sustancialmente cuando entran en la edad adulta. Además, **los machos y las hembras de una misma especie pueden presentar rasgos físicos diferenciados**. Cuando los especialistas tan solo cuentan con los restos de unos pocos ejemplares, les resulta muy complicado detectar esas diferencias. No en vano, de todos los **fósiles de dinosaurios catalogados** como nuevas especies entre 1850 y 1980 casi la mitad corresponden a especies ya conocidas, como se comprobó después. Por fortuna, con el paso del tiempo van apareciendo estudios más precisos que nos ayudan a **corregir y reescribir** las páginas del gran libro de la prehistoria.

EN EL AÑO 2004 LOS ESPECIALISTAS SE ENCONTRARON CON UN CRÁNEO LLENO DE BULTOS PUNTIAGUDOS EN DAKOTA DEL SUR. CONVENCIDOS DE QUE ESTABAN ANTE UNA NUEVA ESPECIE, LO LLAMARON «DRACOREX HOGWARTSIA» O «REY DRAGÓN DE HOGWARTS», EN HOMENAJE A LA CÉLEBRE ESCUELA DE MAGIA DE LAS NOVELAS DE HARRY POTTER. EN LA ACTUALIDAD, SIN EMBARGO, ALGUNOS INVESTIGADORES CREEN QUE EL DRACOREX, IGUAL QUE EL STYGIMOLOCH, NO ES EL FÓSIL DE UNA NUEVA ESPECIE, SINO UN EJEMPLAR JOVEN DE PAQUICEFALOSAURIO, CON EL DOMO DEL CRÁNEO CARACTERÍSTICO DE LOS ADULTOS TODAVÍA SIN FORMAR.

EUROPELTA

DÓNDE VIVIÓ:
Europa

DÓNDE SE HAN ENCONTRADO SUS PRINCIPALES FÓSILES:
España

CUÁNDO VIVIÓ:
Hace 110 millones de años

TAMAÑO:
5 metros de largo y hasta
1 metro de alto

PESO:
Hasta 2 toneladas

Europa tenía su propia familia de dinosaurios acorazados, los **Struthiosaurinae**. A esta familia pertenece el **EUROPELTA CARBONENSIS**, cuyos fósiles se encontraron el año 2011 en la provincia de Teruel. En concreto, los restos de de este dinosaurio aparecieron en un **MINA DE CARBÓN**, de ahí su nombre. Por desgracia, hasta el momento ha sido imposible completar el esqueleto del Europelta por culpa de la escasez de fósiles, así que sigue siendo un desconocido para nosotros.

N o obstante, sí sabemos que el Europelta era un herbívoro de tamaño mediano, con la **cabeza bastante estrecha** y el cuerpo parcialmente cubierto de placas. Su **armadura** no era tan gruesa ni resistente como la de otros dinosaurios acorazados, aunque le resultaba de cierta ayuda para defenderse de los depredadores más voraces. El Europelta vivió durante el Cretácico en **una laguna costera rodeada de bosques y vegetación** que hoy presenta un paisaje del todo diferente.

EL NOMBRE EUROPELTA ES EL RESULTADO DE COMBINAR LA PALABRA "EUROPA" CON EL TÉRMINO GRIEGO "PELTA", QUE SIGNIFICA "ESCUDO", EN ALUSIÓN A SU ARMADURA. ESTE DINOSAURIO ES ADEMÁS EL ANQUILOSAURIO MÁS COMPLETO QUE SE HA HALLADO EN EL CONTINENTE EUROPEO HASTA LA FECHA.

NODOSAURIO

DÓNDE VIVIÓ:
América del Norte

DÓNDE SE HAN ENCONTRADO SUS PRINCIPALES FÓSILES:
Wyoming, Kansas (EE UU)

CUÁNDO VIVIÓ:
Hace entre 95 y 90 millones de años

TAMAÑO:
Hasta 6 metros de largo
y 2 metros de alto

PESO:
Hasta 1 tonelada

El **NODOSAURIO** es uno de los **primeros dinosaurios acorazados** que catalogaron los paleontólogos. En 1889 se desenterraron los primeros fósiles de Nodosaurio en el estado de Wyoming (EE UU), pero desde entonces han aparecido muy pocos restos de este herbívoro. Con todo, sabemos que el Nodosaurio tenía la **CABEZA RELATIVAMENTE PEQUEÑA** en comparación con el resto del cuerpo, así como el lomo cubierto de **placas óseas, nudos y bultos**. No en vano, su nombre significa **"LAGARTO NUDOSO"**. Cuando estaba en peligro, el Nodosaurio reaccionaba como los **armadillos**: pegaba el vientre contra el suelo para protegerse el estómago, y se encogía hasta convertirse en una **fortaleza inexpugnable**, a salvo de los dientes de los depredadores. Es de esperar que esta **TÉCNICA DE DEFENSA PASIVA** funcionara, porque el Nodosaurio apenas contaba con otros recursos para defenderse; por ejemplo, se movía con torpeza y lentitud por culpa de sus patas cortas y rechonchas.

UNO DE LOS ENIGMAS QUE RODEAN AL NODOSAURIO ERA SI CONTABA O NO CON UNA HILERA DE PÚAS AFILADAS EN CADA COSTADO. OTROS DINOSAURIOS DE LA RAMA DE LOS NODOSÁURIDOS, COMO EL POLACANTHUS O EL HYLAEOSAURIO, SÍ LAS TENÍAN. ESTÁ CLARO QUE LAS PÚAS HABRÍAN AUMENTADO SU CAPACIDAD DEFENSIVA, PUES LE HUBIERAN PERMITIDO PINCHAR A SUS ATACANTES Y CAUSARLES GRAVES HERIDAS.

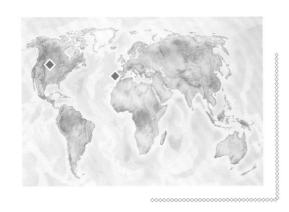

ESTEGOSAURIO

DÓNDE VIVIÓ:
América del Norte, Europa, África, China

DÓNDE SE HAN ENCONTRADO SUS PRINCIPALES FÓSILES:
Estados Unidos, Portugal

CUÁNDO VIVIÓ:
Hace entre 156 y 150 millones de años

TAMAÑO:
Hasta 9 metros de largo
y más de 2 metros de alto

PESO:
3 toneladas

En el Jurásico había dinosaurios de todas las formas y tamaños, pero el Estegosaurio era uno de los más extraordinarios debido a su **compleja estructura corporal**. Y es que este coloso se caracterizaba por las **DOCENAS DE PLACAS**, algunas de hasta un metro de altura, que **cubrían su espalda en hileras paralelas desde la cabeza hasta la cola**. La función que desempeñaban estas placas continúa siendo un misterio para los paleontólogos. Hay muchas hipótesis: quizá le servían de **PROTECCIÓN ANTE LOS DEPREDADORES** o de reclamo durante la época de apareamiento, cuando los machos necesitaban atraer a las hembras. O tal vez las placas estuvieran **LLENAS DE VASOS SANGUÍNEOS** que ayudaban al Estegosaurio a **regular su temperatura corporal**.

El Estegosaurio tenía una cola letal con **ESPINAS ÓSEAS** en la punta que alcanzaban el metro de longitud. Aunque era torpe y lento, podía herir de muerte a los dinosaurios carnívoros más feroces **con su fuerza descomunal**. **GRANDE COMO UN TRÁILER**, el Estegosaurio necesitaba comer docenas de kilos de vegetales cada día para sobrevivir. Hasta hace poco, los paleontólogos no tenían muy claro cómo se las ingeniaban estos dinosaurios para encontrar tales cantidades de comida. La hierba no había aparecido aún en el planeta Tierra. Además, a diferencia de otros herbívoros, la cabeza alargada y estrecha del Estegosaurio **CARECÍA DE UNAS MANDÍBULAS POTENTES** y de unos dientes aptos para triturar comida. Así pues, ¿cómo conseguía suficiente comida para sobrevivir? Algunos estudios recientes demuestran que la **MORDEDURA** del Estegosaurio era mucho más **POTENTE** de lo que cabría esperar, pese a las limitaciones que presentaba la configuración de su boca.

ESTEGOSAURIO

Según los expertos, el Estegosaurio tenía tanta fuerza en las mandíbulas como **las ovejas y vacas actuales**. Así, este dinosaurio podía alimentarse de plantas correosas y no solo de helechos y plantas equisetáceas (como la cola de caballo), según se creía hasta hace poco. Además, el Estegosaurio probablemente fuera capaz de **erguirse sobre sus patas traseras** empleando la **COLA COMO SOPORTE**. Gracias a esta habilidad, habría podido alimentarse de las plantas inaccesibles para los animales herbívoros con los que compartía hábitat.

EL ESQUELETO FÓSIL MÁS COMPLETO DE UN ESTEGOSAURIO ESTÁ EN EL MUSEO DE HISTORIA NATURAL DE LONDRES. MIDE TRES METROS DE ALTO Y SEIS METROS DE LARGO. HA SIDO BAUTIZADO COMO «SOPHIE», AUNQUE ES IMPOSIBLE SABER SI SE TRATA DE UN MACHO O UNA HEMBRA.

EL ESQUELETO, QUE DE ACUERDO CON LOS PALEONTÓLOGOS ESTÁ COMPLETO EN UN 90%, TIENE MÁS DE 300 HUESOS Y 19 PLACAS DORSALES, Y SE DESCUBRIÓ EN EL ESTADO DE WYOMING (EE UU) EN 2003. PROBABLEMENTE PERTENECÍA A UN INDIVIDUO JOVEN QUE VIVIÓ HACE 150 MILLONES DE AÑOS, AUNQUE NO HAY INDICIOS QUE PERMITAN ACLARAR LAS CIRCUNSTANCIAS EN QUE MURIÓ.

Apasionado desde niño por el arte y la ciencia, **ROMÁN GARCÍA MORA** se licenció en biología. Tras completar sus estudios, decidió unir sus dos grandes pasiones y se especializó en ilustración científica, concretamente en la reconstrucción paleontológica, sobre todo de dinosaurios. Román ha recibido varios premios internacionales en este campo. Asimismo, colabora con varias editoriales y revistas científicas ilustradas junto con otros investigadores de diversas instituciones españolas.

GIUSEPPE BRILLANTE es periodista y actualmente dirige las ediciones italianas de las revistas *BBC Science* y *BBC History*. Ha escrito artículos científicos y naturalistas, así como reportajes para diversos periódicos. Ha trabajado habitualmente en el campo de la paleontología y ha colaborado en el libro *Italian Dinosaurs*.

ANNA CESSA siempre ha sentido fascinación por la paleontología. Su área de especialización son las publicaciones científicas y naturalistas, colabora con *BBC History* y tiene muchos años de experiencia en la enseñanza.

Diseño Gráfico de **Valentina Figus**

Representación Gráfica de **Maria Cucchi**

VV kids

La edición original de este libro ha sido creada y publicada por
White Star, s.r.l. Piazzale Luigi Cadorna, 6. 20123 Milan-Italy.
www.whitestar.it

White Star Kids® es una marca registrada propiedad de White Star s.r.l.
© 2017 White Star s.r.l.
© 2017 EDITORIAL VICENS VIVES, S.A.
Sobre la presente edición.

Depósito legal: B. 27.635 LX
ISBN: 978-84-682-5502-6
Nº de Orden V.V.: LI05

Traducción española de Alberto Fuertes.